DIDON,
TRAGÉDIE.
EN VERS ET EN CINQ ACTES

Par M. LEFRANC, nouvellement corrigée.

PAR L'AUTEUR.

A PARIS,

Chez P. G. LE MERCIER, rue Saint Jacques.

M. DCC. LVI.

ACTEURS.

DIDON, Reine de Carthage.
ENÉE, Chef des Troyens.
IARBE, Roi de Numidie.
ELISE.
MADHERBAL, Ministre & Général des Carthaginois.
ACHATE, Capitaine Troyen.
ZAMA, Officier d'Iarbe.
BARCÉ, Femme de la suite de la Reine.
GARDES, par-tout avec Didon.

La scène est à Carthage, dans le Palais de la Reine.

DIDON,
TRAGÉDIE.

ACTE PREMIER.

SCENE PREMIÉRE.
IARBE, MADHERBAL.

IARBE.

ENFIN nous sommes seuls, ami, grace à tes soins,
Je pourrai maintenant te parler sans témoins.

MADERBAL.

Iarbe dans ces murs ! Iarbe dans Carthage !
Dieux ! quels sont les projets où votre ame s'engage ?
Votre abord en ces lieux peut vous être fatal !
Songez vous bien, Seigneur.....

IARBE.

Ecoute Madherval.
J'ignore le destin que le ciel me prépare ;
Mais il est tems enfin qu'Iarbe se déclare :
Tous mes Ambassadeurs irrités & confus
Trop souvent de ta Reine ont subit les refus,

A ij

DIDON,

Voisin de ses Etats, foibles dans leur naissance,
Je croyois que Didon redoutant ma vengeance,
Je résoudroit sans peine à l'himen glorieux
D'un Monarque puissant, fils du Maître des Dieux.
Je contiens cependant la fureur qui m'anime,
Et déguisant encor mon dépit légitime,
Pour la derniére fois en proie à ses hauteurs,
Je viens sous le faux nom de mes Ambassadeurs,
Au milieu de la Cour d'une Reine étrangére,
D'un refus obstiné pénétrer le mistére :
Que sçais je.... n'écouter qu'un transport amoureux,
Me découvrir moi-même, & déclarer mes feux.

MADHERBAL.

Vos feux ! que dites-vous ? Ciel ! quelle est ma surprise ?
Expliquez vous, Seigneur, eh quoi, vôtre ame éprise...

IARBE.

Je pardonne sans peine à ton étonnement,
Mais apprens aujourd'hui l'excès de mon tourment.
Jadis par mon aïeul, exclus de la Couronne,
Avant que le destin me rappellât au Trône,
Tu sais comme dès-lors, sans maître & sans sujets,
Attendant que le ciel propice à mes souhaits,
Justifiât le sang à qui je dois la vie,
Je quittai malgré moi les bords de Gétulie,
Et cachant avec soin ma naissance & mon nom,
J'allai fixer mes pas à la cour de Sidon.
A toi seul en ces lieux je me fis reconnoître,
Je te vis détester les crimes de ton Maître ;
Je crus que je pouvoit me livrer à ta foi :
L'épouvante regnoit dans le Palais du Roi,
On y pleuroit encor le trépas de Sichée.
Didon à son Epoux pour jamais attachée,
Couloit dans les ennuis ses jours infortunés ;
Je la vis, ses beaux yeux aux larmes condamnés,
Me soumirent sans peine au pouvoir de leurs charmes ;
J'osai former l'espoir de calmer ses allarmes,
Contre Pigmalion je voulois la servir ;
A Didon en secret j'allois me découvrir ;
Rien ne m'arrêtoit plus, lorsque sa prompte fuite
Rompit les vains projets de mon ame séduite.

TRAGEDIE.

Tu voulus pénétrer mes secrettes langueurs,
Cependant accablé des plus vives douleurs,
Malgré ton amitié, malgré ma confiance,
J'allois cacher mes feux accrus dans le silence,
J'abandonnai l'Asie, & fus dans nos déserts,
Ensevelir ma honte & le poid de mes fers :
Je parcourus long-tems la triste Numidie,
Les sables enflammés de la vaste Libie,
Ces antres, ces forêts, & ses climats lointains,
L'horreur de la nature, & l'effroi des humains
Où des plus noirs objets, le spectacle sauvage
D'un amant malheureux redouble encor la rage ;
Ainsi n'espérant plus qu'un sinistre avenir,
Occupé nuit & jour d'un fatal souvenir
J'attendois qu'au milieu de mes tourmens horribles
La mort s'offrît à moi dans mes courses pénibles.
Enfin, après quatre ans un heureux coup du sort
De mon cruel aïeul vint m'apprendre la mort.
Dans mon cœur aussi-tôt la gloire se ranime,
J'entens qu'on me dispute un sceptre légitime,
Qu'un Roi fier & barbare entre dans mes Etats
A mes sujets troublés fait croire mon trépas,
Et leur ôtant le droit de se choisir un Maître
Les armes à la main déclare qu'il veut l'être.
J'y courus, mon aspect dissipa leur effroi,
Et le Tyran vaincu fut soumis à ma loi.
Je l'avouerai : sensible au premier avantage,
Dont la victoire, & Mars honoroient mon courage,
Tout plein de mon triomphe & du plaisir flatteur
De posseder un sceptre acquis par la valeur,
Je crus que de mes sens la gloire enfin maîtresse,
Sçauroit bien étouffer un reste de foiblesse,
Et que les soins cuisans d'un malheureux amour
Respecteroient le Trône & fuiroient de ma Cour.
Bientôt un bruit confus allarmant tous nos Princes
Répand avec terreur au fond de leurs Provinces,
Que d'un peuple étranger arrivé dans nos ports.
Les murs de jour en jour s'élevent sur ses bords.
J'apprens que de son frere évitant la furie
Didon veut s'emparer des côtes de Lybie ;
Qu'un amour mal éteint se rallume aisément !

Déja mon feu caché s'accroit à tout moment.
Rempli de cet amour je me flatte, j'espére,
Qu'au milieu de l'Afrique une Reine étrangére,
Ne rejettera point le secours & la main
D'un Prince, de ses murs redoutable voisin.
Par mes Ambassadeurs j'offre cette alliance,
Projets mal concertés ! inutile espèrance !
Ses refus colorés, de frivoles raisons,
Deux fois m'ont accablé des plus sanglants affronts :
Je viens, peut-être épris d'une flamme trop vaine
Tenter moi-même encor cette superbe Reine :
Tout prêt à se montrer, mes soldats, mes vaisseaux,
Couvriront autour d'elle & la terre & les eaux.
L'amour conduit mes pas, la haine peut les suivre.
Dans ce doute mortel je ne sçauroit plus vivre.
Des refus de Didon j'ai trop long-tems gémi,
Aujourd'hui son amant, demain son ennemi.

MADHERBAL.
Non je ne reviens point de ma surprise extrême,
Je frémis pour Didon, je tremble pour vous même,
Seigneur, n'attendez pas que je flatte vos feux;
Je crains que le succés ne trahisse vos vœux.

IARBE.
Que dis-tu, Madherbal, & d'où vient cette crainte ?
Ne me déguise rien, parle moi sans contrainte.

MADHERBAL.
Que ne suis-je en ces lieux ce qu'autre fois j'y fus !
Vous ne formeriez point des desirs superflus.
Depuis plus de trois ans sorti de ma patrie,
J'ai quitté pour Didon l'heureuse Phénicie ;
Instruit qu'abandonnée aux plus traitres revers
Après avoir long-tems parcouru les deux mers,
Elle venoit aux bords où le destin l'exile,
Contre un frere cruel mandier un azile,
Je courus, je craignis pour ses jours menacés.
La Reine dans ses murs à peine encor tracés,
Reçut avec transport un serviteur fidéle,
Et de sa confiance elle honora mon zéle.
Mais qu'il faut peu compter sur la faveur des Rois !
Un instant détermine, ou renverse leur choix.

TRAGEDIE;

Depuis que les Troyens échapés du naufrage
Ont cherché leur azile aux remparts de Carthage,
Didon qui les attire au milieu de sa cour,
D'emplois & de bienfaits les comble chaque jour.
Eux seuls ont chez la Reine un accueil favorable.
Ce n'est pas que j'envie un crédit peu durable.
Je vois avec douleur ces peuples étrangers
Attirer dans nos murs la guerre & les dangers:
On dit plus, on prétend qu'une éternelle chaîne,
Doit unir en secret Enée avec la Reine.

IARBE.

Que dis-tu ? Quoi la Reine... Ah ! c'est trop m'outrager!
Je venois la fléchir il faut donc me venger.
Les Tyriens eux-mêmes indignés contre Enée
Souffriront à regret ce honteux hyménée,
Toi-même, verras-tu d'un œil indifferent,
Couronner dans ces murs le Chef d'un peuple errant ?
Ta chute des Troyens seroit bientôt l'ouvrage :
Madherbal, c'est à toi de seconder ma rage.

MADHERBAL.

Moi, Seigneur, moi rebelle ! Ah ! j'en frémis d'horreur!
Mais il faut excuser l'amour & sa fureur.
Fallût-il sur moi seul attirer la tempête,
Et dussai je payer mes conseils de ma tête,
Je parlerai, Seigneur, & peut-être ma voix
A-t-elle chez la Reine encore quelque poids.
Votre Hymen est utile au bien de son empire,
Et je me trahirois en craignant de le dire,
Mais si de Madherbal le zèle parle envain,
Si l'étranger l'emporte, & s'il l'épouse enfin,
N'attendez rien, malgré votre douleur mortelle,
D'un Sujet, d'un Ministre à sa Reine fidéle.
Jamais flatteur, toujours prêt à leur obéir,
Je sçais parler aux Rois, mais non pas les trahir.
On ouvre : rappellez toute votre prudence,
Et forcez votre amour à garder le silence.

SCENE II.

DIDON, IARBE, ELISE, MADHERBAL, BARCÉ.
Suite de la Reine.

IARBE.

Reine je ne veux point rétracer à vos yeux,
De vos premiers refus l'éclat injurieux;
Il est tems qu'un hymen utile à votre gloire
D'un affront si cruel efface la mémoire
Toujours plus affermi dans son premier dessein
Iarbe par ma voix vous offre encor la main,
Et si sans affecter une audace trop vaine,
Un sujet peut vanter les attraits d'une Reine,
Du Roi qui me choisit, heureux Ambassadeur,
Je puis, en vous voiant, vous promettre son cœur.
Pour un Hymen si beau tout parle, tout vous presse,
De nos vastes Etats souveraine maitresse,
En impuissans efforts, en murmures jaloux,
Laissez de votre frere éclater le courroux.
Jouissez à jamais de la gloire brillante
Qu'un Roi victorieux aujourd'hui vous présente;
Au nom d'Iarbe seul les ennemis tremblans
Redouteront vos murs encore chancelans
Lui seul peut désormais assurer votre Empire,
Terminez avec joie un Hymen qu'il désire,
Et que toute l'Afrique instruite de son choix,
Adore vos attraits & respecte vos Loix.

DIDON.

Lorsque du sort barbare innocente victime
J'ai fui loin de l'Asie un frere qui m'opprime,
Je ne m'attendois pas qu'un Monarque fameux,
Abaissât jusqu'à moi la Couronne & les vœux.
Je dis plus; j'avouerai que cette préférence
Exigeoit de mon cœur plus de reconnoissance:
Mais tel est aujourd'hui l'effet de mon malheur,

Didon ne peut répondre à cet excès d'honneur,
Qu'importe à votre Roi l'hymen d'une étrangère?
Faut-il que mes refus excitent sa colère?
Sauver mes jours proscrits, rendre heureux mes sujets,
Entre les Rois voisins entretenir la paix,
C'est tout ce que j'espère, ou que j'ose prétendre.
Un jour mes successeurs pourront plus entreprendre,
C'en est assez pour moi, mais je ne regne pas
Pour donner lâchement un maître à mes Etats.

IARBE.

Vos Etats! Mais enfin, puisqu'il faut vous le dire,
Madame, dans quels lieux fondez-vous un Empire?
Ce Roi qui vous recherche & que vous dédaignez,
Vous demande aujourd'hui de quel droit vous regnez,
Ces climats que l'on compte au rang de vos Provinces,
Toujours pour leurs vrai Rois ont reconnu nos Princes;
Les Tyriens & vous, n'ont pû les occuper,
Sans les tenir d'Iarbe, ou sans les usurper.

DIDON.

Ce discours téméraire à de quoi me surprendre.
Didon à ses pareils n'a point de compte à rendre.
Iarbe est Souverain, je suis Reine aujourd'hui
Et ne vois rien encore, qui me soumette à lui.
Mais ce Roi que le tems sçaura forcer peut être
A craindre mon pouvoir, du moins à le connoître.
Quel droit plus que Didon a-t-il de commander?
Les Empires sont dûs à qui sçait les fonder.
Cependant quelle haine, ou quelle méfiance
Armeroit contre moi votre injuste vengeance
Voyez-vous chaque jour mes soldats menaçans
Aller avec fureur loin de mes murs naissans
Troubler des Afriquains les demeures tranquilles,
Et répandre l'effroi dans le seins de vos villes?
Que dis-je? Ce rivage où les vents & les eaux,
D'accord avec les Dieux, ont poussé mes vaisseaux,
Ces bords inhabités, ces campagnes désertes
Que sans nous la moisson n'auroit jamais couvertes,
Des rochers, des torrens & des monts escarpés,
Voilà donc ces Etats par Didon usurpés;
Mais devrois-je à vos yeux rabaissant ma couronne,

DIDON.
Justifier le rang que les Destin me donne?
Les Rois, comme les Dieux, sont au-dessus des loix.
Je regne, il n'est plus tems d'examiner mes droits.
IARBE.
Cette fierté m'apprend ce qu'il faut que je pense.
Ainsi d'un Roi vainqueur vous bravez la puissance.
Déja prête à partir la foudre est dans ses mains,
Madame, toutesfois malgré vos fiers dédains,
Forcé par son honneur de punir une injure,
Qui de tous ses sujets excite le murmure,
S'il pense à se venger, je connois bien son cœur;
Croyez que ses regrets égalent sa fureur.
Mais vous l'avez voulu. Votre injuste réponse
Ne permet plus....
DIDON.
J'entens; & vois ce qu'on m'annonce.
Je sai combien les Rois doivent être irrités
D'une paix, d'un hymen trop souvent rejettés.
Un refus est pour eux le signal de la guerre.
Autour de mes remparts ensanglantez la terre:
Iarbe, je le vois, est tout prêt d'éclater.
Je l'attens sans me plaindre, & sans le redouter.
IARBE.
Ah! je ne sçais que trop les raisons... Mais, Madame,
Je devrois respecter les secrets de votre ame.
J'en ai trop dit peut-être excusez un Sujet
Qu'entraîne, pour son Prince, un amour indiscret.
Je vous laisse. A vos yeux mon zéle a dû paroitre;
Et j'apprendrai bientôt vos refus à mon Maître.

SCENE III.

DIDON, ELISE, BARCÉ.

ELISE.

Vous le voyez, hélas! que n'en puis-je douter!
Iarbe contre vous est tout prêt d'éclater.
Dans un si grand danger quelle est votre espérance?
Qu'attendez-vous?

TRAGEDIE.
DIDON.

                Le ciel prendra notre défense.
Ai-je donc mérité qu'un refus de ma main
Allume le couroux d'un Roi trop inhumain,
Ou qu'un frere cruel armé contre ma vie
Persécute sa sœur jusques dans la Libie ?
Et ne comptez-vous pas ces généreux Troyens ?
Que le destin a mis au rang des Tyriens ?
Ces Peuples échapés aux fureurs de Neptune,
Fixent dans nos climats leurs vœux & leur fortune :
Ils goutent dans ses murs le fruit de mes bienfaits,
Et la reconnoissance en a fait mes sujets.
Enée, à ce nom seul mon cœur rempli de joye
Connoît le défenseur que le ciel nous envoye ;
Ce Héros à mes feux doit tout jusqu'à ce jour ;
Et je devrai bien-tôt mon trône à son amour.

ELISE.
Je ne condamne point ces généreuses flammes
Que la gloire elle-même allume dans nos ames :
Du Héros des Troyens les célèbres exploits
Semblent de votre cœur justifier le choix :
Mais je crains les dangers que cet amour fait naître,
Iarbe votre frere & votre amant peut-être.

DIDON.
Oui, je sçai que l'amour est un frivole appui,
Qu'il faut n'espérer rien, & tout craindre de lui,
Et qui trahit souvent un cœur qui lui confie
Le soin de son honneur, ou celui de sa vie,
Je le sens comme vous ; mais malgré mes malheurs,
Malgré tous les efforts de mes persécuteurs,
Je ne saurois rougir d'une ardeur qui m'est chère ;
Quel autre plus qu'Enée est digne de me plaire ?
Ce guerrier dès long-tems fameux par ses travaux
Joint au culte des Dieux la valeur des Héros.
Au milieu des transports dont mon ame est éprise
Je ne m'abuse point, puis-je, ma chère Elise,
Douter que de Vénus il n'ait reçu le jour ?
Je reconnois sa mere à mon funeste amour,
Hélas ! de ce vainqueur ai-je pu me défendre ?
Chaque instant que livrée au plaisir de l'entendre
J'écoutois le récit de ce fameux revers

Qui du nom des Troyens remplit tout l'univers;
Malgré le nouveau trouble élevé dans mon ame,
Je prenois pour pitié les transports de ma flamme,
Quelle étoit mon erreur! & qu'il est dangereux
De trop plaindre un Héros aimable & malheureux!
Amour, que sur nos cœurs ton pouvoir est extrême!
Même après le danger on craint pour ce qu'on aime.
Je crois voir les combats que j'entens raconter,
Je frémis pour Enée, & je cours l'arrêter.
Tantôt sous ces remparts que la Gréce environne
Je le vois affronter les fureurs de Bellone;
Je le suis, & des Grecs défiant le courroux,
Je prétens sur moi seule attirer tous leurs coups.
Mais bientôt sur ses pas je vole épouvantée
Dans les murs saccagés de Troye ensanglantée,
Tout n'est à mes regards qu'un vaste embrasement.
A travers mille feux je cherche mon Amant.
Je tremble que du Ciel la faveur rallentie,
N'abandonne le soin d'une si belle vie.
Mes vœux des immortels implorent le secours.
Toutefois au moment de voir trancher ses jours.
Dans ce dernier combat où l'entraîne la gloire,
Je crains également sa mort & sa victoire:
Je crains que des Troyens relevant tout l'espoir;
Il ne m'ôte à jamais le bonheur de le voir.
Ilion, à ton sort mes yeux donnent des larmes;
Mais pardonne à l'amour qui cause mes allarmes.
De ta chûte aujourd'hui je rends graces aux Dieux,
Puisque c'est à ce prix qu'Enée est en ces lieux.

ELISE.

Le bonheur de ma Reine est tout ce qui me flatte;
Mais puisqu'il faut enfin que mon amour éclate,
Songez à prévenir le barbare courroux.
D'un frere qui vous hait & d'un rival jaloux,
Allons & rassemblez tous ceux que leur prudence
Appelle chaque jour à votre confiance;
Instruits de vos desseins.....

DIDON.

     Oui, je vais déclarer
Un hymen que mon cœur ne veut plus différer.

Quoi ! du rang où je suis, déplorable victime,
Faut-il sacrifier un amour légitime,
Et nourrissant toujours d'ambitieux projets,
Immoler mon repos à de vains intérêts !
N'ajoutons rien aux soins de la grandeur suprême :
Trop de tourmens divers suivent le diadême,
Et le destin des Rois est assez rigoureux,
Sans que l'amour le rende encor plus malheureux.

Fin du premier Acte.

ACTE II.

SCENE PREMIÉRE.
ENÉE, ACHATE.

ENÉE.

Tandis que de sa Cour la Reine environnée
Aux Chefs des Tyriens apprend notre hyménée,
Cher Achate, je puis t'ouvrir en liberté
Les secrets sentimens de mon cœur agité.
Après tant de malheurs & d'allarmes diverses
Je n'attens désormais que de longues traverses,
Et je n'espére plus que le Ciel appaisé
Nous accorde un repos si long-tems refusé.
En vain à mes désirs tout semble ici répondre ;
L'inflexible destin se plaît à me confondre.
Je ne sais quel remords me trouble nuit & jour.
Les jeux & les plaisirs régnent dans cette Cour ;
Cependant son éclat m'importune & me gêne.
Je jouis à regret des bienfaits de la Reine ;
Par mille soins divers je me sens déchirer.
Que m'annonce ce trouble, & qu'en dois-je augurer ?
Quoi ! de ces lieux encor faudra-t-il que je parte ?

Se peut-il que le Ciel, que Junon m'en écarte,
Que je sois sans azyle, & que les seuls Troyens
Perdent dans l'univers le droit des Citoyens?

ACHATE.

Je ne reconnois point Enée à ce langage.
Qu'attendez-vous? Fuyez les remparts de Carthage;
C'est un arrêt des Dieux, n'en doutez pas, Seigneur,
Et leur voix aujourd'hui vous parle au fond du cœur.
Hâtez-vous de poursuivre une illustre conquête:
Eh quoi! Vous balancez! Quel charme vous arrête!
Qu'est devenu ce cœur si grand, si généreux,
Que n'étonna jamais le sort le plus affreux?

ENÉE.

Depuis que dans le sang du Peuple de Pergame
Ménélas a puni les crimes de sa femme,
Et qu'aux bords ravagés par les Grecs triomphans
Les cendres d'Ilion sont le jouet des vents;
J'ai conduit, j'ai trainé de rivage en rivage
Le reste des Troyens échapés du carnage.
Nous avons crû cent fois arriver en ces lieux,
Que nous avoient promis les Ministres des Dieux;
Mais tu sais comme alors d'invincibles obstacles
Démentoient à nos yeux le Prêtre & les Oracles:
Ici l'onde en fureur nous éloignoit du bord:
Là par un vent plus doux conduit jusques au port
J'ai vû des Nations ensemble conjurées
Les armes à la main nous fermer les contrées:
Plus loin quand mes Soldats accablés de travaux,
Se crurent parvenus à la fin de leurs maux,
Qu'ils vivoient sans allarme & traçoient avec joie
Les Temples & les Murs d'une seconde Troye,
Je vis les Dieux armés de foudres & d'éclairs
Aux Troyens effrayés parler du haut des airs,
Et la contagion pire que le tonnerre,
Couvrir d'un souffle impur la face de la terre.
Il fallut s'éloigner de ces bords infectés.
Ainsi dans l'Univers, proscrits, persécutés,
Victimes des rigueurs d'une injuste Déesse,
Enée & les Troyens trouvent partout la Gréce.
Touchés de nos malheurs, un seul Peuple aujourd'hu

TRAGÉDIE.

Nous reçoit dans ses murs, nous offre son appui.
De l'azile & des biens qu'ils devoient à la Reine,
Crois-tu que mes Soldats qui jouissent à peine,
S'il faut abandonner ces fortunés climats,
Et braver sur les flots les horreurs du trépas,
Reconnoissent ma voix & quittent sans murmure
Le repos précieux que Didon leur assure,
Pour aller sur mes pas en ces sauvages lieux
Importuner encor les Oracles des Dieux?

ACHATE.

Obéir à son Roi n'est pas un sacrifice.
Seigneur, à vos Soldats rendez plus de justice.
Le malheur, votre exemple en ont fait des Héros :
Présentez-leur la gloire, ils fuiront le repos.
Mais vous-même, s'il faut vous parler sans contrainte,
Le refus des Troyens n'est pas la seule crainte
Qui retient en ces lieux vos désirs & vos pas :
Un soin plus séduisant . . . . .

ENÉE.

Je ne m'en défens pas ;
Je brûle pour Didon, sa vertu magnanime,
N'a que trop mérité mes feux & mon estime.
Je ne sai si mon cœur se flatte en mon amour,
Mais peut-être le Ciel m'appelloit à sa Cour.
Son malheur est le mien ; ma fortune est la sienne.
Elle fuit sa patrie, & j'ai quitté la mienne.
Le fier Pigmalion poursuit les Tyriens ;
Les Grecs de toutes parts accablent les Troyens ;
L'un à l'autre connus par d'affreuses misères,
Le destin nous rassemble aux terres étrangères,
Et peut-on envier à deux cœurs malheureux
Le funeste intérêt qui les unit tous deux ?
Que dis-je ? Sans Didon, sans ses soins favorables,
D'Ilion fugitif les restes déplorables,
Inconnus dans ces lieux, sans vaisseaux, sans secours,
Sur un rivage aride auroient fini leurs jours.
As-tu donc oublié comme après le naufrage
Nous crûmes sur ces bords tomber dans l'esclavage ?
Les Tyriens en foule accompagnoient nos pas,
Et déja contre nous ils murmuroient tout bas.
Sur un trône brillant leur jeune Souveraine

Rendit d'abord le calme à mon ame incertaine,
Ses regards, ses discours, garans de sa bonté,
Cet air majestueux, cette douce fierté,
Ces charmes, dont l'éclat digne ornement du trône,
Sur le front d'une Reine embellit la couronne.
Les hommages flatteurs d'une superbe Cour,
Tout m'inspiroit déja le respect & l'amour.
Avec quelle douceur écoutant ma prière,
Dans le noble appareil d'une pompe guerrière,
Cette Reine sensible au récit de mes maux
Promit de terminer le cours de mes travaux !
Les effets chaque jour ont suivi sa promesse,
Achate, je dois tout aux soins de sa tendresse,
Et puis-je refuser mon cœur à ses attraits,
Quand ma reconnoissance est dûe à ses bienfaits ?

ACHATE.

Tel est d'un cœur épris l'aveuglement extrême,
Il se fait un plaisir de s'abuser lui-même ;
Et le vôtre, Seigneur, qui cherche à s'éblouir,
Court après le danger quand il devroit le fuir.
Déja tout occupé de sa grandeur future
D'un trop honteux repos votre Peuple murmure ;
Il croit que chaque instant retarde ses destins.
Si la gloire une fois.....

ENÉE.

Et c'est ce que je crains.
Je ne trahirai point cette gloire inhumaine,
Mais mon cœur sçait aussi ce qu'il doit à la Reine.
Je la vois. Laisse-nous. Trop heureux en ce jour
Si je puis accorder & l'honneur & l'amour.

SCENE II.

DIDON, ENÉE, ELISE, *Gardes.*

DIDON.

SEigneur, il étoit tems que ma bouche elle-même
Aux Peuples de Carthage apprit que je vous aime,
Et qu'un nœud solemnel gage de notre foi,

Devoit

TRAGÉDIE.

Devoit aux yeux de tous vous engager à moi.
A cet heureux hymen je vois que tout conspire,
Le salut des Troyens, l'éclat de mon Empire.
Ce n'est pas l'amour seul dont le tendre lien
Doit unir à jamais votre sort & le mien,
Un intérêt commun aujourd'hui nous engage.
Je termine vos maux, vous défendrez Carthage.
Et malgré tant de Rois contre nous irrités
Vous saurez affermir le Trône où vous montez.
Cher Prince qu'il est doux pour mon cœur pour le vôtre
Que notre sort dépende & de l'un & de l'autre ;
Et qu'un lien charmant, l'objet de tous nos vœux,
Finisse nos malheurs en couronnant nos feux !

ENÉE.
Ah ! c'est de tous les biens le plus cher à mon ame,
Quel comble à mes bienfaits ! quel bonheur pour ma flamme !
Quoi ! je serois à vous ! espoir trop enchanteur,
Ne seras-tu pour moi qu'une flatteuse erreur ?
Princesse, disposez de mon sort, de ma vie,
Vous plaire & vous aimer, c'est mon unique envie :
Puissions nous éviter les maux que je prévoi...
Puissent tous les Troyens penser comme leur Roi !

DIDON.
Que dites vous, Seigneur ? Quelle allarme nouvelle...

ENÉE.
S'il faut périr pour vous, je répons de leur zéle.
Mais je vous aime trop pour rien dissimuler.
Ma Princesse...

DIDON.
Achevez. Vous me faites trembler.

ENÉE.
Vous voyez sur ces bords le déplorable reste
D'un Peuple si long-tems à ses vainqueurs funeste.
Cependant accablé du malheur qui le suit,
Malgré l'état cruel où le sort l'a réduit,
Malgré tant d'ennemis obstinés à sa perte,
Et la mort chaque jour à ses regards offerte,
Ce reste fugitif, ce Peuple infortuné,
A soûmettre les Rois croit être destiné.

Les Troyens sur mes pas veulent se rendre maîtres
Des climats où jadis ont régné leurs ancêtres.
L'Ausonie est ce lieu si cher à leurs désirs.
Leurs Chefs osent déja condamner mes soupirs.
Je tremble que du Ciel les sacrés Interprêtes
Ne joignent leurs suffrages à leurs rumeurs secrettes,
Et qu'un zèle indiscret échauffant les esprits
Ne porte jusqu'à moi la révolte & les cris.
Tel est du préjugé le pouvoir ordinaire :
Il soumet aisément le crédule vulgaire.
Courageux sans honneur, scrupuleux sans vertu,
Souvent dans les transports dont il est combattu,
Le soldat entraîné sur la foi d'un oracle,
Du respect pour les Rois brise le vain obstacle,
Céde, sans la connoître, à la religion,
Et se fait un devoir de la rébellion.
Ah! Si le même jour où mon ame contente
Se promet un bonheur qui passoit mon attente,
Si dans le moment même où vous me l'annoncez,
Une gloire barbare... Hélas, vous frémissez!

DIDON.

Qu'ai-je entendu, cruel! Quel funeste langage!
Le trouble de mon cœur m'en apprend davantage.
Quoi, cet hymen si doux, si cher à nos souhaits,
Seroit donc traversé par vos propres sujets !
Je voulois les combler & de biens & de gloire :
Ils veulent donc ma mort !

ENÉE.

    Non, je ne puis le croire.
Enchantés du repos que vous leur assurez,
Ils vous verront, Madame, & vous triompherez.
Mon cœur qui s'attendrit souffre à regret l'idée
Du trouble dont votre ame est déja possédée.
Je vous quitte, il est tems d'instruire les Troyens
Du nœud qui les unit aux Soldats Tyriens,
Mais dût le Ciel lui-même, inspirant ses Ministres,
Ne m'annoncer ici que des ordres sinistres ;
Ni les Dieux offensés, ni le destin jaloux,
Ne m'ôteront l'amour dont je brûle pour vous.

SCENE III.
DIDON, ELISE, BARCÉ, *Gardes.*

DIDON.

Elise, que deviens-je, & quel trouble m'agitte!
Quel soupçon se présente à mon ame interdite!
De quel malheur fatal vient-il me menacer?
Enée! O Ciel!... Mais non, je ne puis le penser,
Il m'aime; il ne veut point trahir une Princesse
Qui par mille bienfaits lui prouve sa tendresse.
Mais lorsque notre hymen doit faire son bonheur,
Quel noir pressentiment fait naître sa terreur?
Est-ce toi, Peuple ingrat? Est-ce vous, cher Enée,
Qui trompez sans pitié mon ame infortunée?
Qui dois-je soupçonner? Quels maux dois-je prévoir?
Conspirez-vous ensemble à trahir mon espoir?
Tendre, ou perfide Amant. Fatale incertitude!

ELISE.

Soupçonner un Héros de tant d'ingratitudes,
Quand vos bienfaits sur lui versés avec éclat.....

DIDON.

En amour un Héros n'est souvent qu'un ingrat.
Hélas! Après l'espoir dont je m'étois flatée,
Dans quel gouffre de maux suis-je précipitée!
Je m'attends désormais aux plus funestes coups;
J'ignore mes malheurs, & dois les craindre tous.

ELISE.

Suspendez les douleurs dont votre ame est atteinte;
Je ne condamne point des mouvemens de crainte,
Du Prince qui vous aime, attendez le retour,
Je le connois trop bien, croyez que son amour.....

DIDON.

Non, il faut qu'avec lui mon ame s'éclaircisse,
Chaque instant différé redouble mon supplice.
Mais que nous veut Barcé?

Bij

SCENE IV.
DIDON, ELISE, BARCE', Gardes.
BARCE'.

PRêt à quitter ces lieux
L'Ambassadeur demande à paroître à vos yeux,
Madame, il suit mes pas, & vient pour vous instruire
D'un secret important au bien de cet Empire.
DIDON.
Quoi ! dans le moment même où mon cœur désolé
Cherche à vaincre l'ennui dont il est accablé :
Quand je sens augmenter la douleur qui me presse,
Faut-il qu'à mes regards un Etranger paroisse !
Il lira dans mes yeux mon triste désespoir.
Et peut-être mes pleurs... N'importe il faut le voir.
Que vous êtes cruels, soins attachés au Trône,
Et que vous vendez cher le pouvoir qu'il me donne !
Par la contrainte affreuse où je suis malgré moi,
Elise, tu connois quel est le sort d'un Roi :
Ce faste, dont l'éclat l'environne sans cesse,
N'est qu'un déhors pompeux qui cache sa foiblesse ;
Sous la Pourpre & le Dais, maître plein de hauteur,
Et de ses passions esclave au fond du cœur.
Qu'il entre. J'y consens, & vous, qu'on se retire.
Que vient-il m'annoncer? Que pourrois-je lui dire ?
Barcé sort & rentre.

SCENE V.
DIDON, IARBE, BARCE', Gardes.
IARBE.

IArbe aux Phrygiens est donc sacrifié,
Madame, votre hymen est déja publié.
C'est peu que d'un refus l'ineffaçable outrage

TRAGEDIE.

D'un Monarque puissant irrite le courage ;
Un Guerrier qui jamais ne l'auroit espéré,
A l'amour d'un grand Roi se verra préféré.
Du moins si votre cœur sans désir & sans crainte,
Pour toujours de l'hymen avoit fui la contrainte ;
Mais de ce double affront l'éclat injurieux
N'armera pas en vain un Prince furieux.
Achevez toutes fois un fatal hyménée.
Bravez toute l'Afrique, & couronnez Enée.
Il sera votre époux, il défendra vos droits ;
Et bientôt défiant le courroux de nos Rois,
Suivi de ses Troyens.....

DIDON.
      Je m'abuse peut-être.
Vous pouvez cependant rejoindre votre Maître.
C'est à lui de choisir ou la guerre ou la paix.
J'aime, j'épouse Enée, & mes Soldats sont prêts.

IARBE.
Oui, Madame, il choisit ; & vous verrez sans doute
Eclater des fureurs que pour vous je redoute.
Vous épousez Enée, & votre bouche, ô Ciel !
Me fait avec plaisir un aveu si cruel !
Ne tardons plus. Suivons le courroux qui m'entraîne.

DIDON.
Oubliez-vous qu'ici vous parlez à la Reine ?

IARBE.
A ma témérité reconnoissez un Roi.

DIDON.
Quoi ! se peut-il qu'Iarbe....

IARBE.
     Oui, cruelle, c'est moi.
Dès mes plus jeunes ans par le destin contraire,
Conduit dans les climats où regne votre frere,
Je vous vis. Vos malheurs firent taire mes feux.
Un autre parleroit des tourmens rigoureux
Qui remplirent depuis une vie odieuse,
Qui ne sauroit sans vous être jamais heureuse.
Je ne viens point ici de moi-même enivré
Vous faire de ma flamme un aveu préparé.
Peu fait à l'art d'aimer, j'ignore ce langage

Que pour surpendre un cœur l'Amour met en usage.
Je laisse à mes rivaux les soupirs, les langueurs,
Du luxe asiatique, hommages séducteurs ;
Vains & lâches transports dont la vertu murmure,
Qu'enfante la mollesse, & que suit le parjure.
Je vous offre ma main, mon Trône, mes Soldats.
Dites un mot, Madame, & je vole aux combats.
Je dompterai, s'il faut, l'Afrique & votre frere.
Mais malheur au Rival dont l'ardeur téméraire
Osera disputer à mon amour jaloux
Le bonheur de vous plaire, & de vaincre pour vous.

DIDON.

Seigneur, de votre amour justement étonnée,
A de nouveaux revers je me vois condamnée :
Car enfin, quel que soit le transport de vos feux,
Mon cœur n'est plus à moi, pour écouter vos vœux.
Mais quoi ! je connois trop cette vertu sévère,
Dont votre auguste front porte le caractère.
Un Héros tel que vous, fameux par ses exploits,
Dont l'Afrique redoute & respecte les loix,
Maître de tant d'Etats, doit l'être de son ame.
Voudroit-il, n'écoutant que sa jalouse flamme,
D'un Amant ordinaire imiter les fureurs ?
Non, ce n'est pas aux Rois d'être tirans des cœurs.
Montrez-vous fils du Dieu que l'Olimpe révère.
J'admire vos exploits ; vôtre amitié m'est chére ;
C'est à vous de savoir si je puis l'obtenir.
Où si, de mes refus, vous voulez me punir,
Si dans les mouvemens du feu qui vous anime
Vous voulez seconder le destin qui m'opprime,
Hâtez-vous, signalez votre jaloux transport :
Accablez une Reine, en butte aux coups du sort,
Qui, prête à voir sur elle éclater le tonnerre,
Peut succomber enfin sous une injuste guerre ;
Mais que le sort cruel n'abaissera jamais
A contraindre son cœur pour acheter la paix.

Elle sort.

IARBE seul.

Dieux ! Quel trouble est le mien ! Le feu qui me dévore
Malgré ses fiers dédains peut-il durer encore ?
Où courrez-vous Zama ?...

SCENE VI.
IARBE, ZAMA.
ZAMA.

SEigneur, songez à vous.
On soupçonne qu'Iarbe est caché parmi nous :
Un bruit sourd & confus....
IARBE.
Il n'est plus tems de feindre
Iarbe est découvert ; mais tu n'as rien à craindre.
Je n'ai pû déguiser mes jalouses fureurs.
La rage & le dépit me font verser des pleurs !
Et toi qui dois rougir du feu qui me surmonte,
Toi qui devrois venger ma douleur & ma honte,
Maître de l'Univers, les dédains, les mépris
Si je suis né de toi, sont-ils faits pour ton Fils !

Fin du second acte.

ACTE III.
SCENE PREMIERE.
IARBE, MADHERBAL.
IARBE.

NOn, tu combats envain l'amour qui me possède.
Une prompte vengeance en est le seul remède.
J'estime tes conseils ; admire ta vertu.
Sous le joug, malgré moi, je me sens abbattu.
Je vois ce que mon rang me prescrit & m'ordonne,

DIDON,

Un excès de foiblesse est indigne du Trône.
Je sçai qu'un Souverain, qu'un Guerrier tel que moi
N'est point fait pour céder à la commune Loi ;
Qu'il faut, loin de gémir dans un lâche esclavage,
Que sur ses passions il régne avec courage ;
Et qu'un grand cœur enfin devroit toujours songer
A vaincre son amour plutôt qu'à le venger.
Sans doute, & de mes feux je dois rougir peut-être.
Mais la raison nous parle, & l'amour est le maître.
Que sçai-je ! La fureur ne peut-elle à son tour
Dans un cœur outragé succéder à l'amour ?
Ou si je veux en vain surmonter sa puissance,
Du moins l'heureux succès d'une juste vengeance
Adoucira les soins qui troublent mon repos :
Et c'est toujours un bien que de venger ses maux.

MADHERBAL.

Je vous plains d'autant plus que votre cœur lui-même,
Seigneur, paroît gémir de sa foiblesse extrême.
Ah ! Si votre ame en vain tâche de se guérir,
Si vos propres malheurs ne servent qu'à l'aigrir,
Brisez avec fierté des rigoureuses chaînes ;
Mais n'intéressez point votre gloire à vos peines.
Les refus de la Reine offensent votre honneur !
Ils arment vos Sujets ! Non, je ne puis, Seigneur,
Dans des pareils transports, vous flatter, ni vous croire:
Qu'a de commun enfin l'amour avec la gloire ?
Et le refus d'un cœur est-il donc un affront
Qui doive d'un Héros faire rougir le front ?
Songez,...

IARBE.

J'aime la Reine, un autre me l'enleve !
Ah ! S'il faut malgré moi que leur hymen s'achève,
Je ne souffrirai pas qu'heureux impunément
Ils insultent ensemble à mon égarement.
A quoi me réduis-tu, trop cruelle Princesse !
Tu sais comme mon cœur tout plein de sa tendresse
Venoit avec transport offrir à tes appas
Un secours nécessaire à tes foibles Etats.
J'ai voulu contre tous défendre ton Empire,
Et tu veux me forcer, ingrate, à le détruire.

TRAGEDIE.
MADHERBAL.

Hé bien suivez, Seigneur, ce courroux éclatant ;
Et d'un combat affreux précipitez l'instant.
Appellez vos Soldats du fond de vos Provinces,
Armez contre Didon les Sujets & les Princes.
C'est aux Dieux maintenant d'être notre soutien.
Je vois, sans en frémir, son danger & le mien ;
Avec la même ardeur, avec le même zèle
Que j'ai parlé pour vous, je périrai pour elle.
Et l'Univers, peut-être, instruit de ses douleurs,
Condamnera vos feux, & plaindra ses malheurs.

IARBE.

Quoi ! pour un Etranger l'ingrate me dédaigne,
Madherbal, & tu veux que l'Univers la plaigne !
Mais d'un soin, se génant devrois-je me troubler ?
Roi d'un Peuple cruel je veux lui ressembler.
Ce n'est point au milieu de l'affreuse Lybie
Qu'à des vains préjugés une ame est asservie :
Non, non, d'une Maîtresse adorer les rigueurs,
Ménager son caprice, & respecter ses pleurs,
C'est le frivole excès d'une pitié timide,
Et qui n'entra jamais dans le cœur d'un Numide.
Je laisse à des Amants par le luxe amollis,
L'honneur humiliant de souffrir des mépris.
L'amour dans nos forêts, ne verse point des larmes,
Qu'il porte en d'autres lieux ces honteuses allarmes.
Mon cœur jusqu'à ce jour s'est contraint à regret
Si c'est une vertu de gémir en secret,
D'épargner une ingrate, & l'Amant qui l'engage,
Un Prince, un Africain né sous un Ciel sauvage,
Aux seuls travaux de Mars dès l'enfance formé,
A de telles vertus n'est point accoutumé ;
Et dans ces passions conduit par la nature,
Il y cherche sa gloire & non pas une injure.
J'en atteste le Dieu dont j'ai reçu le jour.
Ces superbes remparts témoins de mon amour,
Ces lieux où dévoré d'une flamme trop vaine
Je viens d'offrir des vœux rejettés par ta Reine,
Ne me reverront plus que la flamme à la main,
Jusques dans ce Palais me frayer un chemin.

Où mon sang répandu dans l'horreur du carnage
D'un fatal ennemi délivrera Carthage.
Que dis-je ? Quel espoir peut vous être permis ?
Vous n'avez contre moi qu'un amas de bannis :
Le sang dont je suis né m'assure la victoire.
Prêts à se couronner d'une immortelle gloire ;
Bientôt les Africains seront tous animés,
De ces mêmes transports dans mon cœur allumés.
Vos Temples & vos murs seront réduits en poudre :
Et Fils de Jupiter, j'y porterai la foudre.

MADHERBAL *seul.*

Juste Ciel, qui m'entens, éloigne ses horreurs !
Elise vient. Sait-elle encor tous nos malheurs ?

SCENE II.

ELISE, MADHERBAL.

MADHERBAL.

ENfin voici le jour marqué par nos allarmes.
Madame, c'en est fait : Iarbe court aux armes,
Témoin de la fureur qui captive ses sens,
Je viens de recevoir ses adieux menaçans.
Le bruit dans nos remparts va bientôt s'en répandre.

ELISE.

A de pareils transports la Reine a dû s'attendre.
Je courois sur vos pas la chercher en ces lieux.
Je la vois. La douleur est peinte dans ses yeux.

SCENE III.

DIDON, ELISE, MADHERBAL, *Gardes.*

DIDON.

AH, venez rassurer une Amante troublée.
Des Guerriers Phrygiens, l'Elise est assemblée.
Leurs Prêtres ont déja fait dresser des Autels.
Ils entraînent Enée aux pieds des Immortels.
Elise, autour de lui je ne vois que des traîtres.

TRAGEDIE.
ELISE.
Eh quoi ! Soupçonnez-vous la vertu de leurs Prêtres?
Qui sçait si par leurs soins les volontés du sort
Avec tous vos projets ne seront pas d'accord ?
Que craignez-vous ?
DIDON.
Je crains ce que leur bouche annonce :
Jamais la vérité ne dicta leur réponse.
Je ne sçai. Mais mon cœur est pénétré d'effroi ;
Peut-être ce moment est funeste pour moi.
MADHERBAL.
Permettez qu'au milieu de vos tristes allarmes,
Qu'un Serviteur fidéle interrompe vos larmes.
Vous devez votre esprit, Madame, à d'autres soins.
L'amour a ses momens : l'État a ses besoins.
D'un Africain jaloux vous concevez la rage ;
C'est à nous de songer à prévenir l'orage.
Bientôt sur ces remparts, tous nos Chefs assemblés,
Calmeront par mes soins nos Citoyens troublés.
En vain contre Didon l'Afrique est conjurée ;
Du Peuple & du Soldat ma Reine est adorée.
Tout Peuple est redoutable, & tout Soldat heureux ;
Quand il aime ses Rois en combattant pour eux.
ELISE.
Oui, je ne doute point qu'au gré de votre envie
Les Tyriens pour vous ne prodiguent leur vie.
Mais quoi, vous oubliez qu'un téméraire amour
Ose vous menacer jusques dans votre Cour !
Je ne le cache point. Instruit de cette injure,
Au tour de ce Palais votre Peuple murmure.
Il demande vengeance, & se plaint hautement,
Qu'Iarbe dans ces murs vous brave impunement.
Et si l'on en croyoit les discours de Carthage,
Par votre ordre en ces lieux retenu pour ôtage...
DIDON.
Le retenir ici ! Qu'ose-t'on proposer !
De son funeste amour est-ce à moi d'abuser ?
Je sais que des flateurs les coupables maximes
Du nom de Politique honorent de tels crimes,
Je sais que trop séduits par de vaines raisons

Mille fois mes pareils dans leurs lâches soupçons
Ont violé le droit des Palais & des Temples.
La Cour de plus d'un Prince en offre des exemples ;
Mais un traître jamais ne doit être imité.
Moi, qu'oubliant les Loix de l'hospitalité,
D'un Roi, dans mon Palais, j'outrage la personne !
Est-ce aux Rois d'avilir l'éclat de la Couronne,
Nous qui devons donner au reste des Humains
L'exemple du respect qu'on doit aux Souverains ?
Oui, malgré les malheurs où son courroux nous jette,
Allez ; & que ma garde assure sa retraite.
Que ce Prince, à l'abri de toute trahison,
Accable, s'il le peut, mais respecte Didon.

SCENE IV.
DIDON, ELISE.
DIDON.

AH ! c'est trop retenir ma douleur & mes larmes.
Mon Amant peut lui seul dissiper mes allarmes.
Qu'il tarde à revenir ! Et vous, Peuples ingrats,
Loin de mes yeux encor retiendrez-vous ses pas ?
ELISE.
Il vient.
DIDON.
A son aspect ma crainte se redouble !
Tout est perdu pour moi : je le sens à mon trouble.

SCENE V.
ENÉE, DIDON, ELISE.
ENÉE.

Dieux ! je ne croyois pas la rencontrer ici.
DIDON.
Approchons. Mon destin va donc être éclairci.
Vous me fuyez, Seigneur !

TRAGEDIE.
ENÉE.
Malheureuse Princesse !
Je ne méritois pas toute votre tendresse.
DIDON.
Non, je vous aimerai jusqu'au dernier soupir.
Mais que dois-je penser ? Je vous entens gémir.
Vous détournez de moi votre vûe égarée.....
Ah ! de trop de soupçons mon ame est dévorée.
Seigneur !
ENÉE.
Au désespoir je suis abandonné.
Vous voyez des Mortels le plus infortuné.
Mon cœur frémit encor de ce qu'il vient d'apprendre,
Au Temple d'Apollon le Ciel s'est fait entendre,
Il s'explique, Madame, & me réduit au choix
D'être ingrat envers vous ou rebelle à sa voix.
Une voix formidable, aux Mortels inconnue,
A murmuré long-tems dans le sein de la nue.
Le jour en a pâli, la terre en a tremblé ;
L'Autel s'est entr'ouvert, & le Prêtre a parlé.
,, Etouffe, m'a-t-il dit, une tendresse vaine.
,, Il ne t'est pas permis de disposer de toi :
,, Fui des murs de Carthage, abandonne la Rein
,, Le destin pour un autre a reservé ta foi.
Tout le Peuple aussitôt pousse des cris de joie.
Jugez du désespoir où mon ame se noie.
J'ai voulu vainement combattre leurs projets.
On m'oppose du Ciel les absolus décrets,
Les Champs Ausoniens promis à notre audace,
Et l'Univers soumis aux Héros de ma race ;
Dans un repos obscur, Enée enseveli,
Ses exploits oubliés, son honneur avili,
Des Troyens fugitifs la fortune incertaine ;
De vos propres sujers le mépris & la haine.
Que vous dirai-je enfin ? Accablé de douleur,
Déchiré par l'amour, entraîné par l'honneur.....
DIDON.
Qu'avez-vous resolu ?
ENÉE.
Plaignez plutôt mon ame.

DIDON;

Tout parloit contre vous, tout condamnoit ma flamme,
Ma gloire, mes Sujets, nos Prêtres & mon Fils....

DIDON.

N'achevez pas, cruel, vous avez tout promis.
Où suis je ! N'est-ce point un songe qui m'abuse ?
Est-ce vous que j'entens ? Interdite, confuse,
Je sens ma faible voix dans ma bouche expirer.
Est-il bien vrai ! ce jour va donc nous séparer !
Qui me consolera de mes douleurs profondes !
Mon cœur, mon triste cœur vous suivra sur les ondes.
Et d'une vaine gloire occupé tout entier
Au fond de l'Univers, vous irez m'oublier,
M'oublier ! Ah, Seigneur, de quelle affreuse idée
Mon ame, en vous perdant se verra possédée !
Je sens que j'en mourrai : Mais hélas ! est-il tems,
Cher Prince, de hâter ces douloureux instans ?
Du moins à nos adieux, préparez ma constance,
Et songez qu'il y va d'une éternelle absence.
Ah ! Seigneur, sans frémir pouvez-vous y penser ?
Malgré les coups affreux dont je me sens percer
Malgré le désespoir où mon amour me livre,
Je veux qu'à ma douleur je puisse encor survivre ;
Faudra-t'il mettre au rang de mes jours malheureux
Le jour où je sentis naître mes premiers feux ?
Que dis-je, peu touché des soins de ma tendresse,
Est-ce à vous de punir l'excès de ma foiblesse ?

ENÉE.

Ah ! Je suis mille fois plus à plaindre que vous.
C'est sur moi que le sort épuise tous ses coups.
Vous regnez en ces lieux : ce Trône est vôtre ouvrage.
Le Ciel n'a point proscrit le rempart de Carthage :
Il les voit s'élever, & ne vous force pas
D'aller de mers en mers chercher d'autres Etats.
Le soin de gouverner un Peuple qui vous aime,
L'éclat & les attraits de la grandeur suprême,
Effaceront bientôt une triste amitié,
Que nourrissoit pour moi votre seule pitié ;
Et moi jusqu'au tombeau j'aimerai ma Princesse,
Mon cœur vers ces climats, revolera sans cesse :
Climats trop fortunés, où l'on vit sous vos loix.

TRAGEDIE,

Hélas, si de mon sort j'avois ici le choix,
Bornant à vous aimer le bonheur de ma vie,
Je tiendrai de vos mains un Sceptre, une Patrie.
Les Dieux m'ont envié le seul de leurs bienfaits
Qui pouvoit reparer tous les maux qu'ils m'ont faits.
Que n'ai-je point tenté malgré leurs Loix prescrites ?
De mon respect pour eux j'ai franchi les limites.
Obéissez en Reine aux volontés du sort,
Rien ne peut des Troyens ralentir le transport ;
Effrayez par l'Oracle & pleins d'un nouveau zèle,
Ils volent dès ce jour où le Ciel les appelle.
Moi-même vainement je voudrois arrêter,
Des sujets contre moi prompts à se révolter,
Je les verrois bientôt... Mais quel sombre nuage,
Madame, en ce moment trouble votre visage ?
Vous ne m'écoutez plus, vous détournez les yeux.

DIDON.

Non, tu n'es point le sang des Héros ni des Dieux.
Au milieu des rochers tu reçus la naissance.
Un monstre des forêts éléva ton enfance ;
Et tu n'as rien d'humain que l'art trop dangereux
De séduire une Amante & de trahir ses feux.
Dis-moi, qui t'appelloit aux bords de la Libie ?
T'ai-je arraché moi-même au sein de ta Patrie ?
Te fais-je abandonner un Empire assuré,
Toi, qui dans l'Univers proscrit, désespéré.
Rebut des flots, joüet d'un espoir inutile
N'as trouvé qu'en ces lieux un favorable azile !
Les immortels jaloux du soin de ta grandeur,
Menacent tes refus de leur courroux vengeur.
Ah ! ces présages vains n'ont rien qui m'épouvante,
Il faut d'autres raisons pour convaincre une amante,
Tranquilles dans les Cieux, contens de nos Autels,
Les Dieux s'occupent-ils des amours des Mortels ?
Notre cœur est un bien que leur bonté nous laisse.
Et si jusques à nous leur Majesté s'abaisse
Ce n'est que pour punir des traîtres comme toi
Qui d'une foible amante ont abusé la foi.
Crains d'arrêter encor leur puissance suprême,
Leur foudre ne doit plus gronder que sur toi-même ;

Mais tu ne connois point leur auſtère équité.
Tes Dieux ſont le parjure & l'infidélité.
ENE'E.
Hélas ! que vos tranſports ajoutent à ma peine !
Moi-même je ſuccombe, & mon ame incertaine
Ne ſçauroit ſoutenir l'état où je vous vois.
DIDON.
   Adieu, cruel, pour la dernière fois.
Va, cours, vole au milieu des vents & des orages,
Préfére à mon Palais les lieux les plus ſauvages.
Cherche au prix de tes jours ces dangereux climats,
Où tu ne dois régner qu'après mille combats :
Hélas, mon cœur charmé t'offroit dans ces aziles,
Un Trône auſſi brillant, & des biens plus tranquilles.
Cependant tes refus ne peuvent me guérir.
Mes pleurs & mes regrets qui n'ont pû t'attendrir,
Loin d'éteindre mes feux les redoublent encore.
Je devrois te hair, ingrat, & je t'adore.
Oui, tu peux ſans amour t'éloigner de ces bords,
Mais ne crois pas du moins me quitter ſans remords.
Ton cœur fût-il encor mille fois plus barbare,
Tu donneras des pleurs au jour qui nous ſépare,
Et du haut de ſes murs témoins de mon trépas ;
Les feux de mon bucher vont éclairer tes pas.
ENE'E.
Ah ! Madame, arrêtez.....
DIDON.
   Ah ! laiſſe-moi, perfide.
ENE'E.
Non, vous ne ſuivrez point le tranſport qui vous guide.
DIDON.
Va, je n'attens de toi ni pitié ni ſecours.
Tu veux m'abandonner ; que t'importent mes jours ?
ENE'E.
He bien, malgré les Dieux vous ſerez obéie.
Elle fuit. Arrêtez. Prenons ſoin de ſa vie.

SCENE

SCENE VI.
ENÉE, ACHATE.
ACHATE.

SEigneur, les Phrigiens n'attendent que leur Roi.
Partons le Ciel l'ordonne.
ENÉE.
Achate, laisse-moi ;
Quels que soient les transports où mon ame s'égare,
Le Ciel n'ordonne pas que je sois un barbare.

Fin du troisième Acte.

ACTE IV.
SCENE PREMIÉRE.
ENÉE, ELISE.
ENÉE.

ELise, que la Reine étouffe ses allarmes.
Enée à ses beaux yeux a trop couté de larmes ;
Je cours aux Phrygiens déclarer mes projets,
D'un départ trop fatal détruire les apprêts,
Et bientôt ramené par l'amour le plus tendre,
J'irai plein de transports la revoir & l'entendre :
D'un Hymen désiré presser les doux liens,
Et porter à ses pieds l'hommage des Troyens.

SCENE II.
ENÉE, ACHATE.
ACHATE.

AH ! Seigneur, rassurez mon ame inquiétée,
Contre l'affreux soupçon dont elle est agitée :
Mon zèle sur vos pas m'a conduit vainement,

Le fort vous rend enfin à mon empreſſement.
Quoiqu'il en ſoit, Seigneur, partons, c'eſt trop attendre.
Que ſais-je, la pitié peut encor vous ſurprendre.
Hâtons-nous. Nos vaiſſeaux couvrent déja les mers,
Les cris des Matelots font retentir les airs ;
L'onde blanchit d'écume, & s'il faut vous le dire,
Vos Soldats plein du feu que le Ciel vous inſpire,
De leur Chef en ſecret accuſent la lenteur.

ENÉE.

J'ai vû la Reine, Achate, & l'amour eſt vainqueur.

ACHATE.

Que dites-vous ? L'amour ! Ah, je ne puis vous croire.
Non, l'amour n'eſt point fait pour étouffer la gloire :
Elle parle, elle ordonne, il lui faut obéir.
Ce n'eſt pas vous, Seigneur, qui devez la trahir.

ENÉE.

Je n'ai que trop prévû ta plainte & tes reproches :
Ton maître en ce moment redoutoit tes approches.
Mais que veux-tu ? L'amour fait taire mes remords ;
Et dans mon cœur trop foible il brave ſes efforts.
Cependant tu le ſçais, & le Ciel qui m'écoute
M'a vû ſur ſes décrets ne plus former de doute,
Renoncer à Didon, lui venir déclarer
Qu'enfin ce triſte jour alloit nous ſéparer ;
A ſes premiers tranſports demeurer inflexible,
Et paroître barbare autant qu'elle eſt ſenſible.
Je courois vers Didon, quand tes empreſſemens
Commençoient d'atteſter la foi de mes ſermens.
Que m'importoit alors une vaine promeſſe ?
Je tremblois pour les jours de ma chère Princeſſe.
Quel ſpectacle, grands Dieux ! Quelle horreur ! quel effroi !
Tout regrettoit la Reine, & n'accuſoit que moi.
Je ne puis, ſans frémir en retracer l'image.
Son ame de ſes ſens avoit perdu l'uſage.
Son front pâle & défait, ſes yeux à peine ouverts.
Des ombres de la mort ſembloit être couverts.
Cependant ſa douleur & ſes vives allarmes
Donnoient de nouveaux traits à l'éclat de ſes charmes,
Et juſques dans ſes yeux mourans, noyés de pleurs,
Je liſois ſon amour, mon crime & ſes malheurs ;

Mais bientôt ses transports succédant au silence,
Je n'ai pû de mes feux vaincre la violence.
Je n'en sçaurois rougir, & tout autre que moi,
D'un si cher ascendant auroit subi la Loi.
Lorsqu'une Amante en pleurs descend à la prière
C'est alors qu'elle exerce une puissance entière ;
Et l'amour qui gémit est plus impérieux
Que la gloire, le sort, le devoir & les Dieux.

ACHATE.

Qu'entens-je ? est il bien vrai ? Quelle foiblesse extrême !
Quoi l'amour.... Non, Seigneur, vous n'êtes plus vous-
 même.
Que diront les Troyens ? Que dira l'Univers ?
On attend vos exploits, & vous portez des fers.

ENE'E.

Eh quoi ? Prétendrois-tu que mon ame timide
N'eut dans ses actions qu'un vain Peuple pour guide ?
Crois-moi, tant de Héros si souvent condamnés
D'un œil bien différent seroient examinés,
Si chacun des Mortels connoissoit par lui-même
Le pénible embarras que suit le diadême,
Ce combat éternel de nos propres désirs
Et le joug de la gloire, & l'amour des plaisirs,
Ces gouts, ces sentimens unis pour nous séduire
Dont il faut triompher, & qu'on ne peut détruire.
Dans l'esprit du vulgaire un moment dangereux
Suffit pour décider d'un Prince malheureux.
Témoin de nos revers sans partager nos peines,
Tranquille spectateur des allarmes soudaines
Que le sort envieux mêle avec nos exploits
Le dernier des Humains prétend juger les Rois.
Et tu veux que soumis à de pareils caprices
Je doive au préjugé mes vertus ou mes vices ?

ACHATE.

Eh bien, laissez le Peuple injuste, & plein d'erreurs
Remplir tout l'Univers d'insolentes rumeurs.
Serez-vous moins soigneux de votre renommée ;
Et votre ame aujourd'hui de ses feux consumée
Veut-elle sans retour languir dans ses liens ?

DIDON,

ÉNÉE.

Eh n'ai-je pas fini les malheurs des Troyens ?
De la main de Didon je tiens une couronne :
Je possède son cœur, je partage son Trône.
Quelle gloire pour moi peut avoir plus d'appas ?

ACHATE.

La gloire n'est jamais où la vertu n'est pas.
Non, dussiez-vous punir une ame trop fidéle,
Je ne sçaurois, Seigneur, commander à mon zèle.
Je le vois bien, Enée à jamais attaché
Aux liens de l'amour ne peut être arraché ;
Mais il vous reste un fils, ce fils n'est plus à vous ;
Il appartient aux Dieux de sa grandeur jaloux.
Par ma bouche aujourd'hui ses Peuples le demandent.
Promis à l'Univers les Nations l'attendent.
Confiez à nos soins ce dépôt précieux,
Pour nous, sacré garant de la faveur des Cieux,
Et n'avilissez point dans une paix profonde
Le sang qui doit former les Conquérans du monde.

ÉNÉE.

Arrête. C'en est trop. Mes esprits étonnés
Sous un joug inconnu semblent être enchaînés.
Quel feu pur & divin ! Quel éclat de lumière
Embrase en ce moment mon ame toute entière !
Oui, je commence à rompre un charme dangereux.
A cette noble image, à ces traits généreux,
A ces mâles discours dont la force me touche,
Je reconnois les Dieux qui parlent par ta bouche.
Eh bien, obéïssons. Il ne faut plus songer
A ces nœuds si charmans qui m'alloient engager.
Viens, je te suis, & vous à qui je sacrifie
L'objet de mon amour, le bonheur de ma vie,
Sage divinité, dont les soins éternels
Président chaque jour au destin des Mortels,
Recevez un adieu que mon ame tremblante
Craint d'offrir elle-même aux transports d'une amante.
Ne l'abandonnez pas, daignez la consoler.
C'est à vous seuls, grands Dieux, que j'ai pû l'immoler.
Allons.

TRAGEDIE,
ACHATE.
Ah ! C'est la Reine ! O funeste présage !
ENÉE.
O Dieux ! & vous voulez que je quitte Carthage !

SCENE III.
DIDON, ENÉE, ACHATE, ELISE.

DIDON, *dans le fond du Théâtre.*

Ciel ! Achate avec lui ! Mes malheurs sont certains.
à Elise.
Tu me trompois, Elise, & je vois ses desseins.
à Achate.
Continuez, Achate, & marquez votre zéle.
à Enée.
Vous, Seigneur, écoutez un ami si fidéle.
Je ne viens point ici par de nouveaux soupirs
Vous éloigner des lieux où tendent vos désirs :
Puissiez-vous voir bientôt ces rives fortunées,
Qu'à fleurir sous vos Loix le Ciel a destinées.
D'un amour malheureux j'ai pu sentir les coups ;
Mais pouvois-je exiger qu'un Guerrier tel que vous,
Qu'un Héros tant de fois utile à la Phrygie,
Qui doit vaincre & régner au péril de la vie ;
Loin de suivre la gloire, abbaissât son grand cœur
Aux serviles devoirs d'une amoureuse ardeur ?
Didon, en vous aimant, sçait se rendre justice.
Je ne mérite pas un si grand sacrifice.
Vos desseins par mes pleurs ne sont plus balancés.
Et le vain souvenir de vos sermens passés.....
ENÉE.
Quoi, toujours ma tendresse est-elle soupçonnée.
DIDON.
Vous voulez me quitter, vous le voulez, Enée,
Je le vois, je le sens, & je ne prétens plus
Tenter auprès de vous des efforts superflus.
Mais avant que ce jour à jamais nous sépare
Connoissez les malheurs que le Ciel me prépare.

C iij

Témoins des feux conſtans dont mon cœur eſt épris,
Mes ſujets pour Iarbe ont vû tous mes mépris ;
Ma Cour eſt pleine encor du bruit de ſes menaces,
Et dès ce moment même il revient ſur ſes traces.
Etrangère en ces lieux, ſans eſpoir de ſecours,
Je vois ce Roi jaloux armé contre mes jours.
Et vous, à qui Didon ſacrifioit ſans peine
D'un amant redoutable & l'amour & la haine,
Vous que je préférois au ſang de Jupiter,
Vous dont le ſouvenir me ſera toujours cher,
Pour prix de mon amour vous me laiſſez la guerre ?
Un Peuple d'ennemis va courir cette terre,
Je ne devrai qu'à vous le trépas ou les fers ;
Après cela, partez, mes Ports vous ſont ouverts.

SCENE IV.

DIDON, ENE'E, MADHERBAL, ACHATE.

MADHERBAL.

MAdame, de vaiſſeaux la Mer paroît chargée,
Et ſans doute Carthage eſt bientôt aſſiégée :
Le ſon de la trompette, & les cris du Soldat
Aux Tyriens troublés annoncent le combat.
Et déja du ſommet des campagnes prochaines
Mille Eſcadrons épars deſcendent dans nos plaines.
Iarbe eſt à leur tête & même ſur les eaux,
Du fier Pigmalion j'ai connu les Drapeaux.

ENÉE.

Qu'entens-je ! ſur ces bords c'eſt moi qui les attire :
Reine, c'eſt donc à moi de ſauver votre Empire.
Je cours finir les maux que ma flamme à produits.

DIDON.

Quoi, vous-même? Ah Seigneur, je ne ſais où j'en ſuis.
Non, dans le trouble affreux dont mon ame eſt ſaiſie....

ENÉE.

Eh quel autre que moi doit expoſer ſa vie ?
Je pardonne à des Roix ſur le Trône affermis,
La pompe qui les cache aux traits des Ennemis.

Mais moi que votre amour a sauvé du naufrage,
Moi qui trouble aujourd'hui le bonheur de Carthage,
Je défendrai vos jours, vos droits, vos Tyriens,
Dût périr avec moi jusqu'au nom des Troyens.
Suivez-moi, Madherbal. Adieu, chere Princesse ;
Qu'à nos malheurs communs l'Univers s'intéresse,
Et courons l'un & l'autre assurer votre Etat.
Vous au pied des Autels, & moi dans le combat.

Fin du quatrieme Acte.

ACTE V.

SCENE PREMIÉRE.

DIDON *seule.*

OU suis-je ? Quel reveil ! Quelle allarme soudaine !
Dans l'ombre de la nuit, éperdue, incertaine,
J'adresse avec effroi mes vœux aux immortels,
La terreur m'accompagne au pied de leurs autels.
J'y cherche envain la paix que leur présence inspire.
Ciel ! en ce moment même, on combat, on expire.
C'est pour moi que la guerre ensanglante ces bords,
Arrêtez inhumains, suspendez vos transports....
Faut-il que mon amour fasse perdre la vie
A tant de malheureux qu'ici l'on sacrifie !
Je ne demande point qu'on périsse pour moi,
Hélas ! Tout me remplit de douleur & d'effroi !
Soit que pour mes Sujets mon ame s'intéresse,
Soit que mon amant seul occupe sa tendresse,
De ce combat affreux je sens toute l'horreur,
Et chaque trait lancé vient me percer le cœur.

SCENE II.
DIDON, ELISE.
ELISE.

EH quoi, toujours livrée au feu qui vous dévore,
Dans ces sombres détours vous prévenez l'Aurore !
Quelle aveugle frayeur vous trouble & vous conduit !
Venez, Reine, fuyez le silence & la nuit ;
Ils redoublent l'horreur d'une ame infortunée.

DIDON.

Non. C'en est fait. Voici ma derniere journée.
J'ai vécu, j'ai regné mes destins sont remplis,
Vous voulez vainement rassurer mes esprits
D'un funeste soupçon justement occupés
Tantôt par un ingrat je me croirois trompée ;
Je l'accusois alors, mais qu'il faut peu d'instants
Pour donner à l'amour de nouveaux sentimens !
Il n'éclate, ne plaint, n'accuse, ou rend justice,
Qu'au gré des passions dont il suit le caprice.
Je ne vois plus Enée ardent à me quitter
Aux transports les plus doux feindre de résister ;
Je ne vois qu'un Amant généreux & fidéle,
Qu'un héros que la gloire auprès de moi rappelle,
Qui préfére aujourd'hui mes intérêts aux siens,
Et qui risque ses jours pour assurer les miens.
C'est lui seul qu'il faut plaindre, & c'est moi qui l'accable.
Le ciel sans mon amour lui seroit favorable ;
Au destin qui l'attend j'ai voulu l'arracher :
S'il périt c'est à moi qu'il faut le reprocher ;
Non, ne souffrons plus qu'une tête si chere,
De nos Tyrans communs éprouve la colère ;
Sauvons-le, s'il est tems, d'une injuste fureurs,
Et soyons généreuse aux dépens de mon cœur.
Quittez, quittez, Enée, un séjour trop funeste…
Je vais donc renoncer au seul bien qui me reste !
Raison, tendresse, gloire, ah c'est trop m'agiter !
Impérieux penchant dois-je encor t'écouter ?

TRAGEDIE.

A ton joug rigoureux devrois-je être asservie
Au milieu des horreurs qui menacent ma vie;
Et je sens toutes fois que ces mêmes horreurs
Soutiennent mon amour contre tous mes malheurs.

ELISE.
Il faut tout espérer d'un cœur qui vous adore,
Et qu'il combat pour vous un rival qu'il abhorre.
Tout est paisible encor le calme de ces lieux
Semble nous annoncer un succès glorieux.

DIDON.
Allons. C'est trop attendre, il est tems de s'instruire.

SCENE III.
BARCÉ, DIDON, ELISE.

DIDON.
AH ! Barcé, que sait-on, & que viens-tu nous dire?

BARCÉ.
Dans ces lieux effrayés, la paix est de retour,
Madame, à la clarté des premiers feux du jour
J'ai vu de toutes parts sur nos sanglantes rives
Des Africains rompus les troupes fugitives;
Carthage est délivrée & ses Peuples si fiers
Du bruit de votre nom vont remplir les déserts.

DIDON.
Qu'entens-je ? Quels succès! Et puis-je enfin le croire!
Cher amant, c'est à toi que je dois la victoire !
L'amour le fait combattre, il le fait triompher,
Craintes, larmes, soupçons, je dois vous étouffer.
Enée à mes regards va-t'il bientôt paroître ?

BARCÉ.
Madame.....

DIDON.
Eh bien, Barcé ?

BARCÉ.
Je m'allarme peut-être:
Mais ce Héros encor n'a pas frappé mes yeux ;
Et même on n'entend point ces cris victorieux

Que libre & respirant une barbare joie,
Le soldat effréné jusques au Ciel envoie.
J'ai vû les Tyriens confusément épars
S'avancer en silence au pied de nos remparts.

DIDON.

Dieux ! Que me dites-vous ? On ne voit point Enée!
Cependant il triomphe. Aveugle destinée,
Au sein de la victoire as-tu tranché ses jours ?
Ah, ne différons plus ; suivez mes pas, j'y cours.
Mais je vois Madherbal, que va-t il nous apprendre?

SCENE DERNIÉRE.

DIDON, ELISE, BARCÉ, MADHERBAL.

DIDON.

A De nouveaux malheurs faut-il encor s'attendre.
(à *Madherbal.*)
Hâtez-vous, dissipez le trouble de mon cœur,
Le Ciel a-t il enfin épuisé sa rigueur ?

MADHERBAL.

Non, non, vous triomphez, Madame, & la victoire
Vous assure le Trône, & vous comble de gloire.
Pendant que l'ennemi dans les bras du sommeil
Différoit son attaque au lever du soleil,
Le Héros des Troyens assemble nos Cohortes,
Leur parle en peu de mots, & fait ouvrir les portes.
On invoque les Dieux, sans tumulte & sans bruit,
Nous marchons. Le silence & l'horreur de la nuit,
Dans le cœur du Soldat plein d'un noble courage
Versent la soif du sang, & l'ardeur du carnage.
Nous arrivons aux lieux où de sombres clartés
Guidoient vers l'ennemi nos pas précipités.
Aussitôt le signal vole de bouche en bouche.
On observe en frappant un silence farouche.
Tout périt, chaque glaive immole un Africain,
De longs ruisseaux de sang tracent notre chemin.
Le sommeil à la mort livre mille victimes,

TRAGÉDIE.

Et le Ciel seul témoin de nos coups légitimes,
Ne retentit encor dans ces noires fureurs
Ni des cris des mourans, ni des cris des vainqueurs.
Cependant on s'éveille, on crie, on prend les armes,
Iarbe court lui-même au bruit de tant d'allarmes.
Il arrive, il ne voit que des Gardes tremblans,
Des Soldats égorgés, des feux étincelans ;
Et par-tout ses regards trouvent l'affreuse image
Des horreurs d'une nuit consacrée au carnage.
A ce triste spectacle il frémit de courroux,
Et vole vers Enée à travers mille coups.
Les combattans surpris reculent en arrière,
Autour de ces Rivaux forment une barrière.
Ils fondent l'un sur l'autre, & bientôt leur fureur,
Egalent leurs efforts ainsi que leur valeur.
Mais le Dieu des combats régle leur destinée.
Iarbe enfin chancéle, & tombe aux piés d'Enée.
Il expire aussitôt, les Africains troublés
S'échappent par la fuite à nos traits redoublés ;
Et tandis qu'éclairés des rayons de l'aurore,
Le Soldat les renverse, & les poursuit encore ;
Le Vainqueur sur ses pas rassemblant les Troyens,
Appelle autour de lui les Chefs des Tyriens :
,, Magnanimes Sujets d'une illustre Princesse,
,, Qu'Enée & les Troyens regretteront sans cesse ;
,, Sous les Loix de Didon puissiez-vous à jamais
,, Gouter dans ces climats une profonde paix :
,, J'espérois vainement de partager son Trône.
,, L'inflexible destin autrement en ordonne.
,, Trop heureux, quand le Ciel m'arrache à ses appas,
,, Qu'il m'ait permis du moins de sauver ses Etats,
,, Et que mon bras vainqueur assurant sa puissance,
,, Lui laisse des garants de ma reconnoissance.
,, Adieu, plein d'un amour malheureux & constant,
,, Je l'adore, & je cours où la gloire m'attend.

DIDON.
Juste ciel !

MADHERBAL.
         A ces mots il gagne le rivage,
Et bientôt son vaisseau s'éloigne de Carthage.

DIDON.

Je ne le verrai plus ! L'ai-je bien entendu ?
Quel coup de foudre, ô Ciel ! & l'aurois-je prévu ?
Sur ces derniers transports je m'étois rassurée.
Quoi malgré ses sermens, malgré sa foi jurée,
Sans espoir de retour, il me quitte aujourd'hui,
Moi qui mourroit plutôt que de vivre sans lui !
Et qu'ai-je fait, ô Ciel ! pour être ainsi trahie ?
Ai-je d'Agamemnon partagé la furie ?
Ai-je au secours des Grecs envoyé mes vaisseaux ?
J'ai sauvé les Troyens de la fureur des eaux ;
De mes bontés sans cesse ils ont reçu des marques,
J'ai préféré leurs chefs aux plus puissans Monarques,
Amans, Trône, remords, j'ai tout sacrifié,
Et voila de quel prix tant d'amour est payé !
Elise, en est-ce fait ?. N'est-il plus d'espérance ?
S'il voyoit mes douleurs, s'il sait que son absence....

ELISE.

Hélas ! que dites-vous ? Les ondes & les vents,
Propices à ses vœux....

DIDON.

     Eh bien, je vous entens.
Il n'y faut plus penser. Ah ! barbare ! Ah ! perfide
Et voilà ce Héros dont le Ciel est le guide,
Ce Guerrier magnanime, & ce Mortel pieux,
Que sauva de la flamme & son Pere & les Dieux !
Le Parjure abusoit de ma foiblesse extréme ;
Et la gloire n'est point à trahir ce qu'on aime.
Du sang dont il nâquit j'ai dû me défier,
Et de Laomédon connoitre l'héritier.
Cruel tu t'applaudis de ce triomphe insigne !
De tes lâches Ayeux, va tu n'es que trop digne.
Mais tu me fuis envain, mon ombre te suivra.
Tremble, ingrat. Je mourrai ; mais ma haine vivra.
Tu vas fonder le Trône où le destin t'appelle,
Et moi je te déclare une guerre immortelle.
Mon Peuple héritera de ma haine pour toi :
Le tien doit hériter de ton horreur pour moi.
Que ces Peuples rivaux sur la terre & sur l'onde
De leurs divisions épouvantent le monde ;

TRAGEDIE.

Que pour mieux se détruire, ils franchissent les mers:
Qu'ils ne puissent ensemble habiter l'Univers;
Q'une égale fureur sans cesse les dévore;
Qu'après s'être assouvie, elle renaisse encore;
Qu'ils violent entr'eux & la foi des traités,
Et les droits les plus saints, & les plus respectés;
Qu'excités par mes cris les enfans de Carthage
Jurent dès le berceau de venger mon outrage,
Et puissent en mourant, mes derniers successeurs
Sur les derniers Troyens être encor mes vengeurs.

ELISE.

Quels effroyables vœux ! & quel transport de haine
Cachez des mouvemens peu dignes d'une Reine !
Au sein de la victoire oubliez vos revers.

DIDON.

Ma honte & mon amour remplissent l'Univers.
J'en rougis. Il est tems que ma douleur finisse.
Il est tems que je fasse un entier sacrifice;
Que je brise à jamais de funestes liens :
Le Ciel en ce moment m'en ouvre les moyens.
Témoins des vœux cruels qu'arrachent à mon ame
La suite d'un parjure, & l'excès de ma flame,
Contre lui, justes Dieux, ne les exaucez pas.

(Elle se frappe.)

Mourons.... à cet ingrat pardonnez mon trépas.

MADHERBAL.

Ah! Ciel! Quel désespoir ! O fatale tendresse.

DIDON.

Vous voyez ce que peut une aveugle foiblesse !
Mes malheurs ne pouvoient finir que par ma mort.
Que n'ai-je pû grands Dieux, maitresse de mon sort,
Garder jusqu'au tombeau cette paix innocente,
Qui fait les vrais plaisirs d'une ame indifférente !
J'en ai gouté long-tems les tranquilles douceurs;
Mais je sens du trépas les dernières langueurs....
Et toi dont j'ai troublé la haute destinée,
Toi, qui ne m'entens plus, adieu, mon cher Enée,
Ne crains point ma colère.... elle expire avec moi,
Et mes derniers soupirs sont encore pour toi.

Fin du cinquième & dernier Acte.

www.ingramcontent.com/pod-product-compliance
Lightning Source LLC
Chambersburg PA
CBHW070658050426
42451CB00008B/412